DÍAS FESTIVOS

El Día de Martin Luther King, Jr.

Honramos a un hombre de paz

Carol Gnojewski

Enslow Elementary
an imprint of

Enslow Publishers, Inc.

40 Industrial Road	**PO Box 38**
Box 398	**Aldershot**
Berkeley Heights, NJ 07922	**Hants GU12 6BP**
USA	**UK**

http://www.enslow.com

Para el Dr. Charles Johnson por su inspiración y sus consejos,
para mi familia y amigos por su cariño y apoyo.

Enslow Elementary, an imprint of Enslow Publishers, Inc.

Enslow Elementary ® is a registered trademark of Enslow Publishers, Inc.

Spanish edition copyright © 2005 by Enslow Publishers, Inc.

Originally published in English under the title *Martin Luther King, Jr., Day—Honoring a Man of Peace* © 2002 Enslow Publishers, Inc.

Spanish edition translated by Carolina Jusid, edited by Susana C. Schultz, of Strictly Spanish, LLC.

Library of Congress Cataloging-in-Publication Data

Gnojewski, Carol.
  [Martin Luther King, Jr. Day : honoring a man of peace. Spanish]
  El día de Martin Luther King, Jr. : honramos a un hombre de paz / Carol Gnojewski.
    p. cm. — (Días festivos)
  Includes bibliographical references and index.
  ISBN 0-7660-2617-5
  1. Martin Luther King, Jr., Day—Juvenile literature. 2. King, Martin Luther, Jr., 1929-1968—Juvenile literature. I. Title. II. Series.
E185.97.K5G5818 2005
394.261—dc22
                                                          2005007337

Printed in the United States of America

10 9 8 7 6 5 4 3 2 1

Photo Credits/Créditos fotográficos: AP Photo, pp. 6, 8, 12, 13, 17, 20, 26, 28 (inset/encarte), 29 (both/ambos), 46; AP Photo/Cecil Williams, p. 17; AP Photo/Curtis Compton, p. 34; AP Photo/Doug Mills, p. 36; AP Photo/Erik S. Lesser, p. 37; AP Photo/Gene Herrick, pp. 18, 25; AP Photo/J. Scott Applewhite, p. 38; AP Photo/Leon Algee, pp. 14, 45; AP Photo/Long Beach Press-Telegram, Ken Kwok, p. 41; AP Photo/Odessa American, Cori Takemoto Williams, pp. 3, 44; AP Photo/Patricia McDonnell, p. 32; AP Photo/Paul Warner, p. 21; AP Photo/Tina Fineberg, p. 40; Cheryl Wells, p. 44 (all/todos); © Bob Adelman, pp. 4, 7, 10, 23, 24 (both/ambos), 28 (background/fondo), 30 (both/ambos), 31, 47, 48; Enslow Publishers, Inc., pp. 5, 11, 19, 27, 33, 39, 42-43 (background/fondo); Hemera Technologies, pp. ii, 9, 15 (both/ambos); Biblioteca del Congreso, p. 22.

Cover Credits/Créditos de la cubierta: © Bob Adelman (background/fondo); AP Photo/Odessa American, Cori Takemoto Williams (top inset/encarte superior); AP Photo/Patricia McDonnell (middle inset/encarte central); Enslow Publishers, Inc. (bottom inset/encarte inferior).

CONTENIDO

Martin Luther King, Jr., fue uno de los líderes de los derechos civiles más importantes de todos los tiempos.

CAPÍTULO 1

Una tierra para ti y para mí

Lo que me enseñó Martin Luther King, Jr., fue:

No juzgar a las personas por su color. Compartir. Querer a la familia y a los amigos.

Hay fotografías de famosos líderes de los derechos civiles en todas las paredes del Museo Nacional de los Derechos Civiles de Memphis, Tennessee. Los líderes de los derechos civiles fueron personas que aseguraron que las leyes de los Estados Unidos fueran justas para todos.

El museo había sido un motel. En una habitación hay estatuas de los líderes de los derechos civiles sosteniendo pancartas y letreros. Muestran lo que debía haber sido marchar en una multitud por la paz. Otra habitación cuenta las historias de los niños negros de Arkansas en la década de 1950.

Los visitantes del Museo Nacional de los Derechos Civiles escuchan una grabación del conductor del autobús amenazando a Rosa Parks. Una figura de Parks se encuentra sentada en la parte delantera del autobús.

Necesitaban que la policía los cuidara cuando asistían a escuelas para niños blancos. En una habitación hay un autobús urbano en tamaño real. Los visitantes pueden subir y sentarse en el autobús. Pero nadie puede sentarse en los asientos de la parte delantera. La fuerte voz del

conductor le dice a la gente que se dirija hacia atrás. Todo esto nos ayuda a comprender la historia de los negros y los blancos en los Estados Unidos. Muestra la forma en que los líderes de los derechos civiles ayudaron a hacer historia.

La zona central del museo es silenciosa. Se puede ver la Habitación 306 del motel y el balcón de la Habitación 307. Una corona roja y blanca cuelga de la baranda del balcón. Algo terrible sucedió allí. En ese lugar, el Dr. Martin Luther King, Jr., pasó las últimas horas de su vida.

Desde el balcón él podía ver las puertas y las ventanas de otras habitaciones del motel. Las escaleras llevaban al estacionamiento de

El Dr. Martin Luther King, Jr., se hospedaba en la Habitación 306 del Motel Lorraine el día en que le dispararon y lo mataron. Hoy en la puerta hay una cruz como señal de respeto, honor y recuerdo.

Martin Luther King, Jr., tenía cuatro hijos: Martin Luther King III, Yolanda Denise King, Dexter Scott King y Bernice. Los tres hijos mayores están retratados con su madre, Coretta Scott King, en 1962.

abajo. El 4 de abril de 1968, sus amigos y la gente que creía en lo que estaba haciendo fueron a reunirse con él allí. Mientras King les hablaba, alguien le disparó y King murió.

La muerte de Martin Luther King, Jr., impactó a personas de todas las razas. Estaba casado y tenía cuatro hijos pequeños: Yolanda, Martin Luther King III, Dexter y Bernice. Era pastor, pensador y líder de los derechos civiles. Trabajó por la paz y los derechos de igualdad de todos. Cada año, el tercer lunes de enero, damos gracias por su vida y sus ideas.

Celebramos el Día de Martin Luther King, Jr., el tercer lunes de enero.

Martin Luther King, Jr., creció durante un tiempo en que no todas las personas compartían los mismos derechos. Él quería que sus hijos vivieran en una sociedad donde la gente de todas las razas pudiera vivir, comer, trabajar y jugar unida.

CAPÍTULO 2

Creciendo como un "King"

JOSHUA VALENTE

Lo que me enseñó Martin Luther King, Jr., fue:

El Día de Martin Luther King, Jr., se celebra todos los años cerca de la fecha de su cumpleaños. Nació el 15 de enero de 1929. Sus padres fueron el Reverendo Martin Luther King, Sr., y Alberta King. La casa de los King estaba llena de gente pero era un lugar feliz. El pequeño Martin vivía con sus padres, sus abuelos; algunos tíos y tías; su hermano, Alfred Daniel; y su hermana, Christine. Su familia lo llamaba "M. L.".

La casa se encontraba en un lugar llamado Sweet Auburn. Era un barrio negro de Atlanta, Georgia. Hoy se puede visitar la casa y ver cómo vivía. La casa forma parte del Sitio Histórico

Todos deben ser tratados correctamente, no importa su apariencia. Debemos querernos y respetarnos unos a otros.

Martin Luther King, Jr., era hijo del Reverendo Martin Luther King, Sr., y Alberta King. Sus padres junto a su esposa, Coretta, y su hermana, Christine, en 1964.

Nacional Martin Luther King, Jr. El lugar es ahora un parque nacional. Hay edificios y áreas abiertas que cuentan la historia de la vida de King. La Iglesia Bautista Ebenezer se encuentra a dos cuadras. También forma parte del parque nacional. La iglesia era el segundo hogar de King. Solía sentarse en los bancos de madera y escuchar los sermones de su padre. Su madre tocaba el órgano de la iglesia.

Su padre era pastor de la iglesia. También era un líder en el barrio. Les hablaba a todos acerca del orgullo y la dignidad. En casa era estricto. Hizo que Martin se ganara su propio dinero trabajando. Le enseñó a trabajar por lo que quería.

Martin Luther King, Jr., escuchaba los sermones de su padre en la Iglesia Bautista Ebenezer de Atlanta, Georgia.

El Reverendo King crió a su hijo durante un tiempo en el cual los negros no podían ir a todos los lugares donde iban los blancos. Algunos lugares eran sólo para negros. Otros lugares eran sólo para blancos.

Martin Luther King, Jr. creció en una época en que muchas personas no tenían trabajo. Él conoció a mucha gente pobre. Él se dio cuenta que en el sur la vida era más fácil para la mayoría de los blancos que para la mayoría de los negros.

Sus padres trataron de explicarle cómo era la vida en el sur. Había leyes que mantenían separados a los negros de los blancos. Las llamaban leyes de "Jim Crow". Determinaban

lo que los negros podían hacer y lo que no. Los negros vivían en barrios diferentes de los barrios de los blancos. No podían entrar a algunos restaurantes o tiendas. Los baños públicos, fuentes de agua y piscinas para negros tenían letreros que decían "Gente de color".

Los padres de Martin no estaban de acuerdo con estas leyes. Su padre le pedía a la gente que votara por leyes mejores. Hablaba en contra de las leyes y las ideas que mantenían separadas a las distintas razas. Le dijo a su hijo: "No me importa cuánto tiempo tenga que vivir con este sistema, nunca lo aceptaré". La madre de Martin le dijo que no pensara que era menos persona por el color de su piel. "Eres tan bueno como cualquiera", dijo, "y no lo olvides".

Incluso había escuelas diferentes para los niños negros y para los niños blancos. No jugaban ni estudiaban juntos. Las llamaban

Los negros y los blancos tenían que usar baños públicos, piscinas y fuentes de agua diferentes.

Martin asistió a una escuela segregada, como ésta de Carolina del Sur, donde sólo se admitían niños negros.

escuelas segregadas. Martin asistió a una escuela segregada. Él era muy inteligente. Él saltó grados y fue a la universidad cuando tenía apenas quince años. Luego asistió a un seminario. Un seminario es un lugar donde las personas estudian para convertirse en pastores.

El Seminario Crozer estaba en Chester, Pennsylvania. En Pennsylvania no existían las

leyes de "Jim Crow". King tuvo profesores blancos e hizo amigos blancos. Estudiar era importante para él. Él decidió que quería ayudar y enseñar a los demás. Continuó estudiando y se convirtió en pastor como su padre. King también leyó libros de grandes pensadores que decían que no estaba mal que la gente desobedeciera leyes que eran injustas. Aprendió sobre un líder de la India llamado Mahatma Gandhi. Gandhi trató de cambiar pacíficamente las leyes injustas.

King pensó mucho en la vida en el sur. Tenía sus propios planes para cambiar las leyes utilizando métodos pacíficos. Su padre y su abuelo habían intentado mejorar las cosas. Él recordaba las palabras de su madre: "Un hombre puede hacer una diferencia".

King leyó acerca del líder de la India llamado Mahatma Gandhi, quien trabajó mucho para lograr que la gente viviera unida y en paz.

17

Martin Luther King, Jr., se casó con Coretta Scott. Ambos aparecen en esta foto de 1956, dos años después de su boda.

CAPÍTULO 3

Tenemos que participar

Martin Luther King, Jr., tendría su oportunidad de hacer la diferencia. En 1954 se casó con Coretta Scott. Ella estaba estudiando música. Se mudaron a Montgomery, Alabama, para trabajar en la Iglesia Bautista de la Avenida Dexter.

El 1º de diciembre de 1955, una mujer negra llamada Rosa Parks fue arrestada. Ella estaba cansada después de haber trabajado todo el día. No quiso dar su asiento en el autobús a un pasajero blanco. Pero el sector del autobús para blancos estaba lleno. El conductor le ordenó a Parks que se levantara. Esto era lo que solía hacerse en Montgomery. Como ella no se

Martin Luther King, Jr., no quería que la gente fuera tratada diferente a causa de su color. Quería asegurarse que todos tuvieran la misma oportunidad de hacer lo que deseaban.

Gracias al boicot a los autobuses organizado por King, las personas de todas las razas pudieron viajar juntas en autobús.

levantó, el conductor llamó a la policía. Ellos la llevaron a prisión.

Parks era miembro de la sucursal de Montgomery de la Asociación Nacional para el Progreso de la Gente de Color (NAACP). Se trata de un grupo que enseña a la gente sobre los derechos de igualdad. Muchas personas se enojaron por el arresto de esta mujer. No les gustaba que los negros y los blancos no pudieran sentarse juntos en los autobuses.

Muchas personas negras de Montgomery no tenían automóviles. Por eso viajaban en autobuses todos los días. Llenaban los autobuses. Pero incluso cuando había asientos vacíos en la parte delantera, ellos debían sentarse atrás. Tenían que pagar adelante y bajar del autobús. Luego volver a subir por una puerta en la parte trasera. A veces los conductores arrancaban antes de que pudieran volver a subir.

Martin Luther King, Jr., realizó una reunión en la Iglesia Bautista de la Calle Holt. Él explicó que no había un sector para blancos y un sector para negros en un autobús urbano. El autobús era de todos. Él y otros líderes negros implementaron el boicot a los autobuses de Montgomery. Decidieron que era tiempo de que las personas negras hicieran algo por sí mismas. Colocaron letreros que decían: "Señores, no viajen hoy en autobús. No viajen por la libertad".

Los negros de Montgomery buscaron la manera de no tener que viajar en autobús. Algunos viajaron juntos en un mismo automóvil. Otros caminaron, tomaron taxis o fueron en mulas hasta el centro de la ciudad. El boicot funcionó.

El autobús en que Rosa Parks se negó a dar su asiento se encuentra actualmente en Dearborn, Michigan, en el Museo Henry Ford.

Rosa Parks fue arrestada por no dar su asiento a un hombre blanco cuando el conductor del autobús le ordenó hacerlo.

Los negros de Montgomery se unieron. Los autobuses debieron cerrar. Un año más tarde, los autobuses que separaban a los negros de los blancos eran ilegales. Ahora, las personas de todas las razas podían sentarse juntas en los autobuses.

El éxito no fue fácil. King y muchos otros líderes negros fueron arrestados y llevados a prisión. Tuvieron que pagar multas e ir a la corte. Arrojaban de automóviles y golpeaban a las personas negras. Hicieron estallar iglesias. Pusieron una bomba en la casa de King. Pero él era muy valiente. Le pidió a su gente que no respondiera con pelea. Que la respuesta al odio era el amor. Dijo: "Cuando regresemos a los autobuses, seamos tan bondadosos como para convertir al enemigo en amigo".

Para King y otras personas negras del país,

el boicot fue sólo el comienzo. Se formaron muchos grupos que querían trabajar por el cambio. La Asociación para el Progreso de Montgomery (MIA), la Conferencia de Liderazgo Cristiano del Sur (SCLC) y el Congreso para la Igualdad Racial (CORE) fueron algunos de estos grupos. Junto con King organizaron marchas. La gente caminaba por las calles cantando y llevando letreros. Hacían reuniones de oración para enseñar a los negros sobre sus derechos.

Los estudiantes también formaron sus grupos de derechos civiles. El Comité Coordinador de Estudiantes No Violentos (SNCC) organizó sentadas. En una sentada la gente se sienta en el suelo o la tierra para hacer notar que las cosas deben cambiar. Los miembros de la SNCC se sentaban en los restaurantes y las tiendas

Martin Luther King, Jr., no creía en la violencia. Le dijo a la gente que la respuesta al odio era el amor.

King organizó marchas para protestar contra las leyes injustas.

La policía echaba agua con mangueras para incendios para detener a los manifestantes de la marcha.

que eran sólo para blancos. No se retiraban hasta que la gente notaba que estaban allí.

Algunos estudiantes se convirtieron en Conductores de la Libertad. Viajaban en los autobuses públicos del sur para asegurarse de que las nuevas leyes funcionaran. Querían saber si la gente los dejaba usar los comedores y salas de espera que antes eran sólo para blancos.

No todos los blancos querían que las leyes cambiaran. Las leyes injustas los hacían sentir más importantes que los negros. Los trabajadores de los derechos civiles tenían miedo de que les hicieran daño. La policía los seguía con armas y perros de ataque. Les echaban agua con mangueras para incendios para detener las marchas. Algunas personas murieron o fueron gravemente heridas. Había hombres, mujeres y niños de todas las edades en las prisiones del sur. Martin Luther King, Jr., fue arrestado más de 200 veces.

Algunos pensaban que el cambio era demasiado repentino. King les estaba pidiendo que pensaran y vivieran de una forma diferente. Otros pensaban que el cambio no era lo suficientemente rápido.

King trató de mantener la paz. Antes de cada marcha les enseñaba a conservar la calma. Se les retiraban los cuchillos y otras cosas que la gente llevaba como protección. King explicaba que la no violencia "no es el método de los cobardes". Quería que los trabajadores de los derechos civiles lucharan sólo con la palabra y la mente. No quería que la gente luchara con los puños.

Martin Luther King, Jr., fue arrestado más de 200 veces.

Millones de personas asistieron a la Marcha sobre Washington en 1963.

CAPÍTULO 4

CAPÍTULO 4

La voz de la fortaleza

Lo que me enseñó Martin Luther King, Jr., fue:

Recordar que no se debe juzgar a la gente por el color de su piel. Debemos querernos unos a otros.

Martin Luther King, Jr., y el movimiento por los derechos civiles hicieron muchas cosas importantes. Dos veces, los grupos por los derechos civiles reunieron a miles de personas de todas las razas. Ambas reuniones se hicieron en Washington, D.C., la capital de los Estados Unidos. La primera fue llamada Peregrinación de Oración por la Libertad. La segunda fue llamada la Marcha sobre Washington. Esa fue la reunión de personas negras y blancas más grande que hubo en esa época en los Estados Unidos.

El 23 de agosto de 1963, King dio un discurso. Se trataba sobre sus esperanzas y sus

Uno de los discursos
más famosos de
Martin Luther King,
Jr., trató acerca de sus
esperanzas y sueños
para el futuro.

sueños para el futuro. Más adelante lo
llamaron el discurso "Tengo un sueño".

Lentamente, el gobierno fue intentando
mejorar las cosas para las personas negras. En
1957 se crearon la Comisión de Derechos
Civiles y la División de Derechos Civiles del
Departmento de Justicia. Estos grupos del
gobierno aseguran que se protejan los
derechos de todos.

El Presidente Lyndon B. Johnson firmó la Ley de Derechos Civiles en 1964. La ley declaraba que la segregación era ilegal. En 1965, el Congreso aprobó la Ley de Derecho al Voto. Esa ley hizo que votar fuera más fácil para todos.

Martin Luther King, Jr., ganó el Premio Nóbel de la Paz en 1964. Tenía treinta y cinco años. El premio se entrega cada año a la persona o grupo que traiga más paz al mundo. King fue el hombre más joven en ganar este premio. Aceptó el premio agradeciendo a las muchas personas que trabajaron con él. Entregó el dinero del premio a los grupos de derechos civiles. Para King el premio demostraba que la no violencia era la mejor manera de solucionar los principales problemas del mundo.

Después de firmar la Ley de Derechos Civiles de 1964, el Presidente Lyndon B. Johnson entregó algunos de los bolígrafos que usó.

En 1964, Martin Luther King, Jr., ganó el Premio Nóbel de la Paz.

Los periodistas de televisión y de noticias siguieron a King como si fuera una estrella de cine. Se hicieron fiestas en su honor. Su retrato apareció en la tapa de muchas revistas. Donde fuera, la gente trataba de estrechar su mano o sólo pararse cerca suyo. Otros líderes de los derechos civiles habían hecho lo mismo que él. Pero, ¿qué lo hizo tan diferente?

Cuando King hablaba, la gente escuchaba. La gente prestaba atención a su voz. Era un muy buen orador. Sabía cómo decir lo que la gente sentía en sus corazones. King era un hombre fuerte y valiente. Era un pensador y un soñador. También fue un hombre de acciones. King siempre estaba ocupado. Escribió libros, artículos y discursos. King viajó por todo el país para hablar con la gente. Trasladó a su familia a barrios pobres y ayudó a limpiarlos. Líderes de todo el mundo se reunieron con él. Hablaban acerca de cómo las personas de todas las razas podrían vivir juntas en paz.

King sabía que si una ley o una idea hiere a una persona, está hiriendo a todos. Él habló en contra de la guerra. Él habló en contra de las armas militares. Él habló en contra de las leyes y las ideas que mantenían a cierta gente de los Estados Unidos en la pobreza. Él soñó con un país donde todos trabajaran juntos.

Martin Luther King, Jr., enseñó a los demás que las diferencias se pueden resolver pacíficamente.

TO THE MEMORY OF
MARTIN LUTHER KING, JR.
1929 – 1968

DISTINGUISHED ALUMNUS
NOBEL LAUREATE FOR PEACE

La gente siempre recordará a Martin Luther King, Jr., y las grandes cosas que hizo por la igualdad en nuestro país.

CAPÍTULO 5
Hemos avanzado mucho

Hoy damos gracias por la vida y el trabajo de Martin Luther King, Jr., de muchas maneras. Escuelas, condados, parques, bibliotecas y autopistas llevan su nombre. Su rostro aparece en una estampilla postal. La esposa de King, Coretta, ayudó a crear el Centro para el Cambio Social No Violento Martin Luther King, Jr. Se encuentra cerca de la casa donde nació, en Atlanta.

Los edificios del Centro King están llenos de personas que trabajan por lo que él creía. Hay actividades para los niños y las familias. En el centro de enseñanza se dan clases a jóvenes y adultos. Martin Luther King, Jr., fue enterrado en

Niños de todo el país pintaron un mural en el Centro para el Cambio Social No Violento M. L. King.

un lugar cercano. Descansa en una isla en medio de una fuente de agua.

Cuatro días después de su muerte se presentó un proyecto de ley para que se declarara feriado federal el día del cumpleaños de King. Llevó quince años para que el proyecto se convirtiera en ley. Algunos no querían gastar el dinero. Otros decían que era un día festivo sólo para los negros. A un legislador no le gustaba lo que había intentado hacer King. Los líderes negros trabajaron juntos para cambiar la mentalidad de la gente. Tres millones de personas firmaron una petición a favor del feriado. Aún así el proyecto no se convirtió en ley. Pero muchos estados comenzaron a festejar el día por su cuenta. Las escuelas y los comercios cerraban el 15 de enero. Los trabajadores se tomaban el día libre. El cantante Stevie Wonder escribió una exitosa canción acerca del feriado llamada "Feliz cumpleaños".

En Raleigh, Carolina del Norte, hay un monumento dedicado a Martin Luther King, Jr.

Stevie Wonder escribió una exitosa canción llamada "Feliz Cumpleaños", que festeja el Día de Martin Luther King, Jr.

Coretta Scott King se reunió con líderes del gobierno. Ella ayudó a reunir a 750,000 personas en Washington, D.C., para pedir una votación. El 3 de noviembre de 1983, el Presidente Ronald Reagan firmó la ley. ¡El Día de Martin Luther King, Jr., era ahora un feriado nacional oficial!

Estados Unidos celebró el primer Día de Martin Luther King, Jr., el 20 de enero de 1986. Hubo marchas, desfiles y reuniones a la luz de las velas. El Centro King imprimió tarjetas especiales con un mensaje por el feriado. Las tarjetas decían: "Me comprometo a vivir el sueño de amar, no odiar, demostrar comprensión, no ira, hacer la paz, no la guerra".

Pero los estados no están obligados a seguir las leyes federales al pie de la letra. De modo que no todos los estados celebraron el feriado. Cada estado tenía que hacer su propia ley estatal. Arizona y Nueva Hampshire fueron los dos últimos estados en hacerlo. Arizona finalmente reconoció el feriado en 1993. Los niños de todo el estado soltaron miles de globos para celebrar. Tomó otros seis años para que Nueva Hampshire comenzara a celebrar el Día de Martin Luther King, Jr.

Algunos estados realizan desfiles en el Día de Martin Luther King, Jr.

El ex-presidente Clinton (izquierda) sintió que el Día de Martin Luther King, Jr., debía ser un día para ayudar a los demás. Es un buen momento para ayudar a la comunidad.

CAPÍTULO 6

Un día
para actuar

En el Día de Martin Luther King, Jr. muchas ciudades y estados realizan ceremonias con discursos, música y bailes. Se hacen desayunos de oración, concursos de discursos y ceremonias por la paz. Las escuelas realizan asambleas sobre la esclavitud y los derechos civiles. Los discursos de King se pasan en la radio o en la televisión.

En 1994, el Presidente Bill Clinton hizo que el feriado se convirtiera en un día para ayudar a los demás. Le pidió a la gente que lo considerara "un día para hacer y no para descansar". Esperaba que la gente se diera una mano y ayudara a los vecinos que más lo necesitan.

Martin Luther King III habla acerca del legado de su padre y sostener lo correcto durante el Día de Martin Luther King, Jr.

"Cuando se da un poquito", dijo, "siempre se recibe más". Coretta Scott King estuvo de acuerdo. Ella creyó que debíamos pasar el día ayudando a los demás. Su marido dijo una vez: "Hoy estás donde estás porque alguien te ayudó a llegar allí".

Algunos grupos eligen recordar a King plantando árboles, pintando escuelas o clasificando víveres en bancos de alimentos. Otras ayudas populares son donar sangre y limpiar los barrios. Todos los años, los estudiantes de la Escuela del Condado de Manhattan de la Ciudad de Nueva York realizan una marcha. La marcha comienza en el City Hall y recorre muchos barrios diferentes. Los participantes pasan el resto del día conversando acerca de ideas que consideran importantes. Están aprendiendo a ser líderes de los derechos civiles.

Muchos niños hacen trabajos voluntarios, como jardinería, plantar árboles o pintar salones de clase en el Día de Martin Luther King, Jr.

Manualidades para el Día de Martin Luther King, Jr.

★

Círculo de la amistad

Hay muchos problemas que resolver en nuestros propios barrios. En este día, piensa en las personas de tu barrio. ¿A quiénes ves todos los días? ¿Te llevas bien con ellos? ¿Qué puedes hacer para vivir mejor y más unido? ¿A quiénes consideras tu familia? Crea un Círculo de la amistad como manera de agradecer a las personas que quieres y por quienes te preocupas.

Necesitarás:

✔ **2-3 trozos de cartulina (de cualquier color)**

✔ **crayones o marcadores de colores**

✔ **pegamento blanco**

✔ **tijeras de seguridad**

1. Dibuja el contorno de tus manos con un crayón sobre un trozo de cartulina. Ayuda a tu familia y amigos a dibujar también sus manos en la cartulina.

2. Usa las tijeras para recortar las manos en la cartulina.

3. Escribe los nombres en el centro o la palma. Haz manos para otros amigos, familiares y vecinos que quieras incluir.

4. Haz una lista de las formas en que ellos demuestran su amistad y amor hacia ti en cada mano.

5. Pega las manos terminadas formando un círculo.

6. Cuando se seque el pegamento, cuelga el Círculo de la amistad en una puerta de tu casa.

Manualidades para el Día de Martin Luther King, Jr.

★

¡Preparémonos para comenzar!

¡Círculo de la amistad terminado!

He Gives the best hugs!

Daddy

*Nota de seguridad: Pide ayuda a un adulto, si es necesario, para completar este proyecto.

boicot—Unirse y negarse a hacer o comprar algo. Forma de protestar contra algo injusto.

derechos civiles—Derechos humanos básicos garantizados por ley a todos los ciudadanos.

federal—Gobierno de un país.

huelga—Momento en que los trabajadores se niegan a trabajar. Generalmente se hace para intentar obtener mejores condiciones de trabajo.

igualdad—Tratamiento similar o igual.

injusticia—Mal que se hace a un grupo o a una persona.

pastor—Persona que lidera servicios religiosos en una iglesia.

Palabras a conocer

★

petición—Solicitud escrita pidiendo que algo cambie.

racismo—Tratar a las personas en forma diferente como consecuencia de su raza.

raza—Grupo de personas que tienen antecedentes comunes; las personas negras y las personas blancas se consideran gente de distintas razas.

segregación—Separar a los grupos de personas de acuerdo con su raza.

seminario—Escuela que enseña a las personas cómo convertirse en pastores.

sermón—Discurso religioso.

Material de lectura ★

En español

Adler, David A. *Un libro ilustrado sobre Martin Luther King, hijo.* New York: Holiday House, 1992.

Ansary, Mir Tamim. *El Día de Martin Luther King, Jr.* Chicago, Ill.: Heinemann Library, 2003.

En inglés

Bull, Angela. *Free at Last!: The Story of Martin Luther King, Jr.* New York: Dorling Kindersley Pub., 2000.

Colbert, Jan. *Dear Dr. King: Letters from Today's Children to Dr. Martin Luther King, Jr.* New York: DIANE Publishing Company, 2004.

Gnojewski, Carol. *Martin Luther King, Jr., Day— Honoring a Man of Peace.* Berkeley Heights, N.J.: Enslow Publishers, Inc., 2002.

Farris, Christine King. *My Brother Martin: A Sister Remembers Growing Up with the Rev. Dr. Martin Luther King, Jr.* New York: Simon & Schuster Books for Young Readers, 2003.

Fine, Edith Hope. *Rosa Parks: Meet a Civil Rights Hero.* Berkeley Heights, N.J.: Enslow Publishers, Inc., 2004.

Direcciones de Internet

★

En inglés

ALL ABOUT MARTIN LUTHER KING, JR.: AN
OVERVIEW OF HIS LIFE
<http://www.enchantedlearning.com/history/us/
MLK/>

BLACK HISTORY FROM A-Z: MARTIN
LUTHER KING, JR.
<http://www.aakulturezone.com/kidz/abc/mlk.
html>

Índice

★